CINQUIÈME CONGRÈS

DES

MAITRES IMPRIMEURS DE FRANCE

LIMOGES 1898

RAPPORT

SUR LES

BREVETS D'IMPRIMEURS

PAR

M. A. BORD, de Bordeaux

IMPRIMERIE HENRI CHARLES-LAVAUZELLE

RAPPORT

SUR LES

BREVETS D'IMPRIMEURS

CINQUIÈME CONGRÈS

DES

MAITRES IMPRIMEURS DE FRANCE

LIMOGES 1898

RAPPORT

SUR LES

BREVETS D'IMPRIMEURS

PAR

M. A. BORD, de Bordeaux

IMPRIMERIE HENRI CHARLES-LAVAUZELLE

RAPPORT

SUR LES

BREVETS D'IMPRIMEURS

Messieurs,

L'an dernier, votre Congrès a bien voulu me charger de grouper les anciens imprimeurs brevetés pour introduire une instance collective à l'effet d'obtenir la juste réparation du préjudice causé par la suppression d'une propriété acquise à chers deniers.

Je me suis mis à l'œuvre pour mener à bien la tâche que j'avais entreprise.

Après avoir recueilli l'adhésion d'une partie des intéressés, j'ai préparé les documents que je croyais utiles au triomphe de l'action judiciaire que je me proposais d'intenter à l'État. Mais j'avais compté sans la jurisprudence qui, jusqu'ici, a prétendu pouvoir définir la limite du droit de propriété sur les brevets dont il s'agit.

Cette jurisprudence que je ferai passer sous vos yeux tout à l'heure conclut à l'irresponsabilité de l'État en matière de mesures prises dans *l'intérêt public dont le Trésor n'a pas profité.*

Voilà, messieurs, une théorie que votre rapporteur ne veut pas qualifier, mais devant laquelle il a cru prudent de s'incliner, afin de ne pas compromettre les intérêts de la collectivité des intéressés.

Dans le précédent rapport sur la question des brevets supprimés, vous avez pu lire que tous les ministres qui se sont succédé au pouvoir avant 1896 ont répondu aux diverses requêtes présentées aux noms de divers imprimeurs « qu'il y avait matière à examiner, à étudier, etc. », mais qu'ils avaient tous trouvé dans l'article 4 du décret du 10 septembre 1870, « une lacune très considérable! » Ces hommes d'État ont laissé entendre que la phrase : « Il sera ultérieurement statué sur la conséquence du présent décret » ne contient pas une promesse d'indemnité, mais simplement la promesse d'**examiner,** *s'il y a lieu à une indemnité ou à dédommagement.* Un casuiste en matière de droit canon ne serait pas plus subtil.

Il faut donc, aujourd'hui, messieurs, diriger nos efforts du côté de cette promesse d'examiner *s'il y a lieu à une indemnité* en procédant par *évocation directe devant le ministre compétent,* qui nous dira s'il était équitable de supprimer d'un trait la propriété des brevets d'imprimeurs, qui ne se transmettaient qu'à titre onéreux et avec l'assentiment de l'État, lequel imposait au successeur, soumis à la présentation et agréé, la formalité du serment « d'obéissance à la Constitution et de fidélité au Roy » ou à l'Empereur, selon les temps.

Je n'ai pas perdu de vue qu'au cours de la discussion qui eut lieu devant le Sénat, le 24 février 1877, certains orateurs cherchèrent à assimiler les brevets d'imprimeurs au privilège des bouchers de Paris, qui ne reçurent pas d'indemnité quand on supprima leurs privilèges. Mais la question ne fut pas tranchée et il resta de cette discussion, pour les hommes de sens rassis, de ceux qui ne mêlent pas cette vilaine politique aux questions de droit et d'équité, qu'il n'y avait pas d'assimilation possible entre une mesure municipale et une loi d'État. Je ne sache pas, par exemple, que l'État soit intervenu pour obliger le successeur d'un boucher à prêter serment « d'obéissance et fidélité à la Constitution, etc., etc. ».

Faut-il encore une autre preuve pour vous démontrer qu'une mesure de police municipale ne peut être confondue avec une loi? Nous n'avons qu'à faire passer sous vos yeux le texte de l'article 11 de la loi du 21 octobre 1814 qui s'exprime ainsi : « Nul ne sera imprimeur, ni libraire, s'il n'est breveté *par le Roy* et *assermenté*. » Or, l'État n'est jamais intervenu par une loi pour imposer aux bouchers la *capacité et le serment*.

On a dit aussi à la même époque, au Sénat, avec beaucoup plus de justice et de raison, que la propriété du brevet d'imprimeur pouvait être assimilée aux charges de notaire ou d'avoué, que le prix du brevet se trouvait implicitement compris dans le prix d'achat d'une imprimerie, comme le prix du privilège d'une charge se trouve implicitement compris dans la vente de cette charge ; que, dans le premier cas, l'obligation de faire agréer par l'État le nouveau titulaire du brevet était l'équivalent du « droit de présentation » quand il s'agissait d'une charge de notaire.

Malgré les raisons *graves, précises et concordantes*, la question de l'indemnité des brevets ne fut pas résolue. On s'est borné, jusqu'ici, à nous répondre en substance, qu'en l'absence de toute loi, le ministre ne peut constituer l'État débiteur (1).

Mais, si en l'absence de toute loi le ministre ne peut constituer l'État débiteur, il nous reste le droit de nous pourvoir devant lui par voie d'évocation directe pour qu'il saisisse sans retard le pouvoir législatif, qui statuera « sur les conséquences » de l'article 4 du décret du 10 septembre 1870.

C'est à ce moment, messieurs, qu'il nous faut user de nos relations avec les députés compétents, et ceux assez influents pour présenter notre défense, en se basant sur les indications précises de l'arrêt du Conseil d'État en date du 4 avril 1879, et sur l'esprit de l'article 545 du Code civil ainsi conçu : « Nul ne peut être contraint de céder sa propriété si ce n'est pour causes d'utilité publique, et moyennant une juste et préalable indemnité. »

Je ne perds pas de vue, messieurs, que la question des brevets n'intéresse qu'une partie des membres de ce Congrès, mais j'ai pleine et entière confiance dans l'esprit de solidarité

---

(1) Voyez à la fin du rapport le texte et les commentaires du Dalloz périodique 1860 3-10 et 1879 3-49 Dalloz, supplément du répertoire. Voir responsabilité nᵒˢ 350-353.

qui fait la force des décisions de nos Congrès. Je suis persuadé que les anciens imprimeurs dépossédés sans indemnité d'un brevet qu'ils avaient acquis à titre onéreux peuvent compter sur le concours de tous les imprimeurs sans distinction, et tout particulièrement sur ceux que j'ai le plaisir de voir au cinquième Congrès qui nous réunit à Limoges.

Je conclus, messieurs, en demandant au Congrès de bien vouloir nommer dans son sein une commission qui aura pour mission de mettre en œuvre les moyens de droit pour aboutir à la réalisation de l'acte de justice que nous sollicitons du pouvoir législatif.

(*Dalloz* 1879, 3-49.)

Imprimeurs, Monopole, Suppression, Indemnité : 1º et 2º Responponsabilité de l'État, Loi, Réserve; 3º Ministre, Attributions, Trésor public, Engagement financier.

La suppression du monopole attribué par le décret du 5 février 1810 aux imprimeurs munis de brevets n'a pas eu, de plein droit, pour effet d'obliger l'État à indemniser ces imprimeurs (1);

L'article 4 du décret du 10 septembre 1870 qui a déclaré libre la profession d'imprimeur, n'a pas eu d'autre objet que de réserver à une loi ultérieure le soin de statuer sur les conséquences de cette mesure en ce qui concernait les imprimeurs munis de brevets (1);

Et tant qu'aucune loi n'est intervenue, il n'appartient pas au ministre de l'intérieur de constituer l'État débiteur d'indemnités en faveur des imprimeurs dépossédés de leur monopole (1).

(GOUPY)

« Le Conseil d'Etat;

» Vu la requête présentée pour le sieur Goupy, tendant à ce qu'il plaise au Conseil annuler une décision du 18 mars 1878, par laquelle le ministre de l'intérieur a refusé de statuer sur la demande formée par le requérant, à l'effet d'obtenir une indemnité de 50.000 francs pour la réparation du préjudice qui lui aurait été

---

(1) Voir commentaires, page 10.

causé par la suppression de son brevet d'imprimeur ; — ce faisant, attendu que le décret du gouvernement de la Défense nationale, du 10 septembre 1870, qui a rendu libre la profession d'imprimeur, a eu pour effet de supprimer le monopole consacré au profit des imprimeurs parisiens par les décrets du 5 février 1810 et du 2 février 1811, et d'anéantir la propriété de leurs brevets acquis à titre onéreux, avec le consentement et la consécration du gouvernement ; que, cependant, le requérant ne peut être dépossédé sans indemnité des droits qui résultaient pour lui tant de la législation sur l'imprimerie que des circonstances dans lesquelles les imprimeurs maintenus par le décret de 1810 avaient été brevetés, et notamment de ce fait que les imprimeurs avaient été contraints de payer à leurs concurrents évincés une indemnité fixée sur le pied de 4.000 francs par imprimeur supprimé ; que la nécessité légale et juridique de tenir compte aux titulaires actuels des brevets de leur droit consacré par de nombreuses transmissions à titre onéreux, a été reconnue à toutes les époques où la question de la liberté de l'imprimerie a été discutée, et que, d'ailleurs, le décret du 10 septembre 1870 a expressément réservé le droit à indemnité des imprimeurs en déclarant qu'il serait ultérieurement statué sur les conséquences de ce décret à l'égard des titulaires actuels ; que les tentatives faites à diverses reprises auprès de l'Assemblée nationale ou du Sénat n'ayant pu aboutir à faire accorder aux intéressés l'indemnité qui leur est due, et l'autorité administrative se trouvant en réalité saisie par le renvoi au ministre de l'intérieur de la pétition des imprimeurs, ordonné par l'Assemblée nationale le 16 décembre 1875, ledit ministre de l'intérieur ne devait donc pas décliner sa compétence et refuser de régler l'indemnité due au requérant à raison du préjudice résultant, pour lui, du décret précité du 10 septembre 1870 : Allouer au sieur Goupy la somme de..., etc.

» Vu les observations présentées par le ministre de l'intérieur tendant au rejet de ce pourvoi, par le motif que le décret du 10 septembre 1870 a été rendu par le gouvernement de la Défense nationale, qui réunissait en lui le pouvoir exécutif et le pouvoir législatif ; qu'il n'appartient qu'au pouvoir législatif actuel seul de fixer, d'étendre ou de restreindre la portée dudit décret ; que les réclamations des imprimeurs ont déjà été déférées à plusieurs reprises aux différents pouvoirs législatifs, et que l'administration ne peut statuer là où ces pouvoirs n'ont pas voulu le faire ; que, d'ailleurs, la demande du sieur Goupy devant forcément être suivie de celles des soixante-dix-neuf autres imprimeurs parisiens placés dans une situation identique, le ministre ne peut prendre sur ces réclamations qu'une décision sans résultat pratique, puisqu'il n'appartenait qu'au pouvoir législatif de voter les crédits nécessaires, et que ce vote serait évidemment précédé d'un examen de la question au fond ; que, dans ces conditions, le département de l'intérieur ne pouvait que décliner toute compétence à l'égard de la réclamation du sieur Goupy ;

» Vu le décret du 5 février 1810, le décret du 11 février 1811, le décret du 2 février 1811, la loi du 21 octobre 1814 ;

» Vu le décret du 10 septembre 1870 ;

» Vu le décret du 22 juillet 1806 et le décret du 2 novembre 1864 ;

» Considérant que le décret du 10 septembre 1870, qui a rendu libre la profession d'imprimeur, a été pris par le gouvernement de la Défense nationale dans l'exercice du pouvoir législatif ; que l'article 4 de ce décret a réservé à l'autorité législative le soin de statuer ultérieurement sur les conséquences dudit décret à l'égard des titulaires actuels de brevets ; que, dès lors, c'est avec raison que le ministre de l'intérieur a refusé de statuer sur la demande du sieur Goupy,

ARRÊTE :

« Art. 1er. — La requête...... est rejetée. »

(Du 4 avril 1879. Cons. d'État. — MM. Tréteau, rapp.; Braun, concl.; Bellaigue, av.).

COMMENTAIRES

Le décret du 5 février 1810, qui avait limité le nombre des imprimeurs et subordonné le droit d'exercer cette profession à l'obtention d'un brevet, avait été confirmé par la loi du 21 octobre 1814, de sorte qu'incontestablement le monopole des imprimeurs brevetés avait sa base dans des actes ayant le caractère législatif (*V. Jur. gén. v° Presse-outrage nos 96 et suiv.*). A la suite de la Révolution de 1830, la suppression de ce régime a été réclamée au nom de la liberté de la presse. Le 11 septembre 1830, M. Benjamin Constant déposa une proposition en ce sens. M. Pelet (de la Lozère), rapporteur, appela l'attention de la Chambre sur le préjudice qu'allaient éprouver les imprimeurs dont quelques-uns avaient acquis leur brevet au prix de 25.000 francs ou plus (*Chambre des députés, séance du 8 nov. 1830*). M. Barthe proposa un amendement tendant à faire payer une indemnité par les imprimeurs nouveaux venus (*séance du 17 novembre*); la Chambre vota les paragraphes de l'amendement, puis rejeta l'ensemble de l'article. A la suite de ce vote, M. Charles Dupin déclara que la loi n'offrait plus qu'un tissu de mesures incohérentes et sans équité; la loi fut rejetée. Après la Révolution de 1848, lors de la discussion de la Constitution, M. Pierre Leroux proposa une disposition portant que l'imprimerie ne pouvait être soumise à aucun monopole, en déclarant que, par le fait de l'adoption de sa proposition, le ministre serait mis en demeure de présenter un projet relativement à l'indemnité due aux titulaires de brevets. La proposition fut rejetée, la question paraissant devoir être réservée aux lois organiques (*Assemblée nationale, séance du 20 sept. 1848*).

Une nouvelle proposition présentée à l'assemblée législative par MM. Dain et Michel, fut rejetée à la suite d'un rapport dans lequel M. Moulin déclara qu'une indemnité lui paraîtrait due, en droit rigoureux, aux imprimeurs de Paris qui avaient payé une contribution en 1811, et, en équité tout au moins aux imprimeurs de province qui seraient frappés dans leurs moyens d'existence. (*Assemblée législative, séance du 14 février 1851.*)

En 1867, sous l'influence d'un mouvement d'opinion favorable à la fois à la liberté de l'industrie et aux libertés politiques, le gouvernement présenta un projet de loi sur la presse dont l'article 15 proclamait que la profession d'imprimeur serait libre. Quant à la question de savoir si une indemnité serait payée aux imprimeurs privés de leur monopole, le projet de loi et l'exposé des motifs gardaient un silence complet. Une vive émotion se manifesta parmi les imprimeurs qui se réunirent en Congrès et publièrent, à l'appui de leurs réclamations, des consultations signées par les jurisconsultes les plus éminents. Un conflit s'éleva entre la commission de la Chambre qui réclamait la suppression de l'article proposé et le Conseil d'État qui repoussait cet amendement (*D. p.* 68, 4-62). Dans la séance du 14 février 1868, M. Pouyer-Quertier affirma que le brevet des imprimeurs était une véritable propriété dont les possesseurs ne pouvaient pas être dépouillés sans indemnité. M. Rouher, ministre d'État, répondit que le gouvernement était disposé à penser qu'aucun droit de propriété n'existait en faveur des imprimeurs, le caractère du décret de 1810 étant celui d'une réglementation de police, et nullement celui d'une constitution de propriété; reconnaissant toutefois l'émotion qui s'était produite, il proposa une enquête. Acceptant ce compromis, la Chambre retint de la proposition qui lui était faite, la partie destinée à faciliter la publication des journaux, et vota la disposition qui est devenue l'article 14 de la loi du 11 mai 1868, aux termes duquel l'autorisation est donnée aux gérants des journaux d'avoir des imprimeries destinées exclusivement à l'impression de leurs feuilles. Quant à la suppression des brevets, toute décision fut ajournée jusqu'à ce qu'il eût été procédé à l'enquête.

Mais l'Empire tomba avant que la solution fût prête; le gouvernement de la Défense nationale crut, pour des motifs d'ordre exclusivement politique, devoir proclamer, par le décret du 10 septembre 1870, la liberté des professions d'imprimeur et de libraire; l'article 4 de ce décret porte qu'il sera ultérieurement statué sur les conséquences de cette mesure à l'égard des titulaires actuels des brevets.

Aussitôt après le rétablissement de la paix extérieure et intérieure, en juin 1871, les imprimeurs adressèrent à l'Assemblée nationale une pétition où ils réclamaient soit la restitution de leurs brevets, soit une indemnité. Cette pétition fut renvoyée à la commission chargée de rechercher, parmi les décrets législatifs du gouvernement de la Défense nationale, ceux qui avaient un caractère temporaire, et de signaler ceux des décrets définitifs qu'il serait urgent de rapporter ou de modifier. Cette commission émit l'avis que les imprimeurs avaient droit à une indemnité, tant en équité qu'en vertu de l'article 4 du décret du 10 septembre 1870, qui aurait contenu une promesse implicite (*Rapport de M. Taillefert, p.* 5 et 57). L'Assemblée n'ayant donné aucune suite à ce rapport, les imprimeurs présentèrent une nouvelle pétition. Le rapporteur, M. Taillefert, se fondant sur ce qu'à Paris les brevets d'imprimeurs, loin d'être un don de l'État, ont été acquis à titre onéreux et sont devenus une propriété transmissible à prix d'argent, proposa le renvoi de la pétition au ministre de l'intérieur (*Assemblée nationale, séance du* 15 *décembre* 1875); le renvoi fut ordonné, mais ne fut suivi d'aucun effet. M. Taillefert, de concert avec M. Houssard, soumit alors au Sénat un projet de résolution tendant à la nomination d'une commission chargée de présenter un projet de loi ayant pour objet de statuer sur les conséquences du décret du 10 septembre 1870 à l'égard des imprimeurs. M. Pelletan combattit vivement le principe de l'indemnité, en se fondant sur les bénéfices énormes qui auraient été réalisés par les imprimeurs depuis 1810, et grâce auxquels, disait-il, ils s'étaient bien payés de leurs propres mains. Le ministre, M. Jules Simon, promit, au contraire, d'étudier la question avec la plus sérieuse attention. D'un autre côté, la proposition avait paru à la commission chargée de l'examiner, avoir une forme insolite qui n'en permettait pas l'adoption. Dans ces circonstances, les auteurs de cette proposition crurent devoir la retirer (*Sénat, séance du* 25 *février*).

Le gouvernement ayant persisté à ne présenter aucun projet sur la question, un des principaux imprimeurs de Paris saisit le ministre d'une réclamation destinée à servir de point de départ à une action par la voie contentieuse devant le Conseil d'État. Le ministre pouvait-il, dans les circonstances que nous venons de rappeler, reconnaître le droit des imprimeurs à indemnité et procéder au règlement de cette indemnité? Le Conseil d'État s'est prononcé dans le sens de la négative, et nous croyons sa décision irréprochable en droit, dit Dalloz; ce n'est pas que nous entendions contester que le brevet constituait entre les mains du titulaire un véritable droit opposable aux tiers et transmissible à prix d'argent. A Paris, tout au moins, les brevets ont été acquis à titre onéreux; le décret du 2 février 1811 (*Jur. gén.*, *v° Presse-outrage*, *p.* 403) imposa à chacun des imprimeurs conservés l'obligation de payer une indemnité fixée à 4.000 francs pour chaque imprimeur supprimé; ils durent, en outre, racheter les presses. Aussi, la doctrine et la jurisprudence sont-elles d'accord pour reconnaître que les brevets ne constituent pas de simples autorisations et peuvent faire l'objet de transactions comme tout autre droit privé. (*Jur. gén.*, *v° Industrie et commerce*, *n° 190; Troplong, De la vente*, *n°* 190. Ducrocq, *Cours de droit admin.*, 5ᵉ édit., t. 1ᵉʳ, n° 700; Perriquet, *Traité des offices ministériels*, n° 230; Paris, 16 nov. 1854, *D. p.* 55. 21-185; Reg. 13 décemb. 1869, *D. p.* 71. 1. 116).

Le Conseil d'État a implicitement reconnu les mêmes principes, quand il a jugé que la question de savoir si le retrait d'un brevet avait eu lieu dans les formes légales pouvait lui être soumise par la voie du recours pour excès de pouvoir (*Cons. d'Ét.* 22 *mars* 1851, *aff. Boulé; conf. Cons. d'Ét.* 30 *avril* 1868, *D. p.* 78. 3-83.

Ceci admis, doit-on en conclure que l'État soit tenu d'indemniser les imprimeurs du préjudice que leur a causé la perte du monopole attaché à la possession du brevet? La réponse à cette question dépend du caractère qui sera attribué au décret de 1810. Si, par ce décret, l'État avait accordé un monopole aux imprimeurs brevetés, moyennant finance, le Trésor, qui se serait enrichi aux dépens de ces imprimeurs, devrait les indemniser du préjudice que leur causerait la perte d'un droit payé de leurs deniers; la situation serait la même que celle qui a été créée aux officiers ministériels par la loi du 28 avril 1816; or, pour ceux-ci le droit à indemnité en cas de suppression n'est pas douteux, sauf à mettre le paiement de cette indemnité à la charge de ceux qui profitent de la suppression totale du monopole (*V. la loi du* 18 *juillet* 1866 *sur les courtiers de commerce. D. p.* 66. 4-118), ou de la suppression de certaines charges (*Cons. d'Ét.* 27 *juin* 1873, *D. p.* 74. 3-33). Mais l'hypothèse que nous avons indiquée est contraire aux faits : les indemnités payées par les imprimeurs ont été intégralement affectées à leurs confrères dépossédés; l'État n'a touché aucune finance, même sous forme de cautionnement. Le caractère du décret de 1810, intervenu à une époque où la transmission des charges n'était pas encore admise par la loi, est celui d'un règlement de haute police. Lors de la discussion de ce décret devant le Conseil d'État, l'Empereur s'est exprimé à ce sujet avec une netteté qui ne laisse aucun doute sur sa pensée (*V. D. p.* 68, 4-63, *ad notam*). Or, il n'est pas douteux en jurisprudence qu'un monopole établi uniquement en vue de l'intérêt public peut être supprimé, lorsque cet intérêt l'exige, sans que la responsabilité pécuniaire de l'État soit engagée. C'est ce qui a été jugé à propos de la suppression des règlements qui avaient limité, à Paris, le nombre de bouchers, dans l'intérêt de l'approvisionnement de la capitale (*Cons. d'Ét.* 30 *juin* 1859, *D. p.* 60, 3-10). En ce qui concerne les imprimeurs eux-mêmes, il avait déjà été jugé, sur les réclamations d'un imprimeur, contre une décision ministérielle qui avait accordé un nouveau brevet dans la ville des Andelys, que la limitation du nombre des imprimeurs ayant été déterminée par des motifs d'ordre public, n'a conféré aux titulaires aucun droit pouvant servir de base à une action par la voie contentieuse (*Cons. d'Ét.* 14 *mai* 1834, *Jur. gén.*, *v° Presse-outrage*, n° 105). Aucune réclamation par la voix contentieuse n'a été formée à la suite du décret du 22 juin 1763 sur la liberté de la boulangerie. Comment, d'ailleurs, ces solutions pourraient-elles être contestées alors qu'il est admis que les mesures qui ont pour objet, non de supprimer un monopole, mais de supprimer l'exercice même de l'industrie n'ouvrent, dans le silence de la loi, aucun droit à indemnité, si elles sont dictées par un motif d'intérêt public (*Cons.*

d'Ét. 26 fév. 1857, D. p. 57, 3-81), cet intérêt fût-il purement fiscal (_Cons. d'Ét._ 11
janv. 1838, _Jur. gén. v° Impôts indirects, n°_ 607; 5 _févr._ 1875. _D. p._ 75, 3-39).
En ce dernier cas, il est vrai, les conséquences de droit étant portées à l'extrême
amèneraient à des résultats d'une injustice évidente; et, le plus souvent, le droit à
indemnité a été inscrit dans la loi (_V. sur la suppression des distilleries dans l'intérieur de l'octroi de Paris, la loi du 1ᵉʳ mai 1822, et Cons. d'Ét._ 15 _mai_ 1874.
_D. p._ 75, 3-41, _et sur la suppression des fabriques d'allumettes chimiques, la
loi du 2 août_ 1872). Les imprimeurs de Paris sont-ils fondés, en invoquant ces
exemples, à soutenir que l'article 4 du décret du 10 septembre 1870 a eu préci-
sément pour but d'ouvrir en leur faveur droit à indemnité? Le texte de l'article ne nous paraît pas supporter cette interprétation. Les auteurs du décret qui
abrogeait non seulement le décret du 5 février 1810, mais aussi la loi du 21 octobre 1814, ont incontestablement fait œuvre de législateurs; agissant sous l'empire
de préoccupations politiques qui leur faisaient considérer comme urgente la suppression du monopole des imprimeurs; connaissant, d'autre part, les difficultés
auxquelles pourraient donner lieu les réclamations des titulaires de brevets, ils
ont cru devoir scinder ce qui, en logique, était indivisible, et en traitant une des
questions, ils ont réservé l'autre sans en préjuger la solution; la mesure laissée
ainsi incomplète ne peut être achevée que par le pouvoir qui l'a commencée,
c'est-à-dire par le pouvoir législatif. Il ne faut pas, en effet, perdre de vue ce
principe fondamental de notre droit public, que le pouvoir exécutif ne peut dispo-
ser des deniers de l'État que dans la limite de la délégation qui lui est faite, c'est-
à-dire pour assurer le fonctionnement des services publics dont il est chargé, et
qu'il excéderait la limite de ses attributions s'il engageait les finances de l'État
dans des dépenses non autorisées par la loi; il ne peut notamment, en se fondant
sur des motifs d'équité, allouer des indemnités dont le payement ne pourrait être
réclamé par la voie contentieuse (_Cons. d'Ét._ 18 _mai_ 1877. _D. p._ 77, 3-81). Ainsi
donc, tant qu'aucune loi n'est intervenue, le ministre de l'intérieur ne peut donner
suite aux réclamations portées devant lui par les imprimeurs de Paris.

Le refus du ministre doit-il être considéré comme le dernier mot de la question?
Rien n'est plus loin de notre pensée. S'il n'existe aucun moyen légal pour obliger
le législateur à reconnaître les obligations morales qui peuvent incomber à l'État,
ces obligations n'en sont pas moins respectables; les imprimeurs de Paris ont payé
le monopole qui leur a été accordé en 1810; l'équité serait blessée si ce monopole
leur était retiré sans indemnité; c'est ce que les assemblées politiques ont reconnu
en 1830, en 1848, en 1851, en 1868. Mais à la charge de qui devrait être mise cette
indemnité et le législateur aussi bien que le juge, ne devrait-il pas s'arrêter devant
cette considération que l'État n'est pas pécuniairement responsable des conséquences des mesures d'intérêt public dont le Trésor ne profite pas? Il nous paraît
incontestable que la solution la plus équitable aurait consisté à mettre l'indemnité à la charge des nouveaux imprimeurs, dans des conditions analogues à celles
que la loi du 18 juillet 1866 a prescrites pour le payement des indemnités dues
aux courtiers de commerce, et à celles que la pratique applique journellement en
cas de réduction du nombre des offices ministériels dans une localité. Cette com-
binaison est celle qui, en 1830, a été sur le point d'être adoptée. Mais le décret du
10 septembre 1870 ayant posé le principe de la liberté de la profession d'imprimeur sans imposer aux nouveaux imprimeurs aucune obligation que celle d'une
déclaration préalable, il serait actuellement impossible de réclamer à ceux-ci
aucune contribution.

C'EST DONC A L'ÉTAT SEUL que pourrait être imposé le payement de
l'indemnité, ou, tout au moins, le remboursement de la contribution payée dans
la ville de Paris, en 1811, par les titulaires de brevets.

(*Dalloz*, 1860 3-10.)

1°, 2° et 3° Responsabilité, État, Mesure de police, Industrie, Préjudice, Indemnité. — Bouchers, Ville de Paris, Monopole, Suppression, Dommages-Intérêts.

Les mesures par lesquelles, en 1829, le gouvernement a restreint à Paris le nombre des étaux de boucherie, si elles ont eu pour effet de donner une plus-value aux étaux des bouchers alors en exercice, n'en ont pas moins le caractère de mesures de police prises dans l'intérêt de l'approvisionnement de la capitale (1);

Par suite, elles ont pu être abrogées pour le rétablissement de la liberté du commerce de la boucherie dans Paris, sans que cette nouvelle mesure, qui présente le même caractère que les mesures précédentes, puisse donner aux bouchers dépossédés de leur ancien monopole le droit de réclamer une indemnité (1).

Et l'État ne peut pas même être actionné en remboursement des sommes que le syndicat de la boucherie de Paris a dû débourser lors de l'établissement du système de limitation pour le rachat des étaux excédant le nombre réglementaire, si cette suppression, profitable aux étaux maintenus, a été acceptée sans réclamation par les bouchers, et effectuée à leurs risques et périls (1).

(BOUCHERS DE PARIS CONTRE L'ÉTAT)

Les bouchers de Paris, au nombre de 460, se sont pourvus au Conseil d'État contre une décision du 17 mai 1858, par laquelle le ministre du commerce a rejeté la demande par eux formée à l'effet d'être indemnisés par l'État du préjudice que leur aurait causé le décret du 24 février 1858, qui a abrogé les dispositions de l'ordonnance royale du 18 octobre 1829, relatives à la limitation du nombre des bouchers dans la ville de Paris, et qui a rétabli dans cette ville la liberté du commerce de la boucherie; ils ont demandé l'annulation de cette décision, et subsidiairement, la restitution par l'État des sommes que l'ancien syndicat de la boucherie de Paris aurait déboursées pour opérer, conformément aux dispositions de l'ordonnance royale précitée, le rachat des étaux excédant le nombre fixé par ladite ordonnance. Ils ont conclu, en conséquence, à ce qu'il fût déclaré par le Conseil d'État que les dispositions de l'ordonnance royale du 18 octobre 1829 et celles de l'ordonnance de

---

(1) Voir commentaires, page 16.

police rendue pour l'exécution de l'ordonnance royale, ont conféré aux bouchers maintenus en exercice dans la ville de Paris le droit de vendre, par privilège, et à l'exclusion de tous autres, les viandes nécessaires à l'alimentation de Paris ; que ce droit a été l'objet de nombreuses transactions, soit à titre onéreux, soit à titre gratuit, et que les concessionnaires actuels ne peuvent en être dépouillés, pour cause d'utilité publique, sans une juste indemnité ; en tout cas, que le rétablissement de la liberté du commerce de la boucherie dans la ville de Paris oblige l'État au remboursement des dépenses faites par l'ancien syndicat de la boucherie de Paris, pour opérer le rachat ou la suppression des étaux excédant le nombre fixé par l'ordonnance royale du 18 octobre 1829, et devenues aujourd'hui sans cause ; et que, par suite, il y avait lieu de renvoyer les requérants devant le ministre du commerce pour être procédé à la liquidation de l'indemnité qui leur est due. Le ministre du commerce, consulté sur le bien fondé de ce recours, a présenté des observations tendant au rejet de la requête.

» Napoléon, etc. ;

» Vu les lois des 14-22 décembre 1789, 16-24 août 1790, 2-17 mars et 14-17 juin 1791, l'arrêté du gouvernement du 8 vendémiaire an II, les décrets des 6 février 1811 et 15 mai 1813, et les ordonnances royales des 9 octobre 1822, 12 janvier 1825 et 18 octobre 1829 ; vu notre décret du 24 février 1858 ;

» Sur les conclusions des bouchers de Paris susnommés, tendant à ce qu'il leur soit accordé une indemnité par l'État, à raison du préjudice que leur aurait fait éprouver notre décret du 24 février 1858, qui a rétabli dans la ville de Paris la liberté du commerce de la boucherie.

» Considérant que les requérants fondent leur demande sur ce que l'ordonnance royale du 18 octobre 1829 et l'ordonnance rendue pour son exécution par le préfet de police, le 25 mars suivant, leur auraient conféré par privilège, et à l'exclusion de tous autres, le droit d'exercer la profession de boucher dans la ville de Paris, et sur ce qu'en abrogeant les dispositions des ordonnances précitées relatives à la limitation du nombre des bouchers dans ladite ville, notre décret susvisé aurait causé aux requérants un préjudice dont l'État leur devrait la réparation ;

» Considérant que les dispositions de ces ordonnances n'avaient été prises que dans l'intérêt de l'approvisionnement de Paris ; que si de ces dispositions il était résulté certains avantages pour les bouchers alors en exercice dans la ville de Paris, le gouvernement n'a pu leur garantir et ne leur a pas garanti, en effet, la jouissance de ces avantages ; que notre décret s'est borné à rétablir la liberté du commerce de la boucherie dans la ville de Paris, et que cette mesure a été prise dans l'intérêt de l'alimentation de ladite ville en vertu des pouvoirs généraux de police conférés au gouvernement par les lois ci-dessus visées ; qu'ainsi, l'État ne saurait être déclaré responsable des préjudices particuliers qu'une semblable mesure a pu causer aux requérants ;

» Considérant, d'ailleurs, qu'aucune disposition de notre décret du 24 février 1858, ni aucune autre disposition législative, ne les autorise à réclamer une indemnité contre l'État, à raison des préjudices dont ils se plaignent ; que, dans ces circonstances, c'est avec raison que notre ministre a rejeté leur demande ;

» Sur la demande subsidiaire des bouchers de Paris susnommés, tendant à la restitution, par l'État, des sommes que l'ancien syndicat de la boucherie de Paris aurait déboursées pour effectuer, en exécution des dispositions de l'ordonnance royale du 18 octobre 1829, le rachat des étaux de boucher excédant le nombre fixé par cette ordonnance,

» Considérant que les mesures d'ordre et de police relatives à la limitation du nombre des bouchers dans la ville de Paris, ont été prises en 1829, par le gouvernement, dans l'intérêt de l'alimentation de Paris et sur la demande formelle des bouchers alors en exercice dans cette ville ; que ceux-ci n'ont élevé aucune réclamation contre les dispositions de l'ordonnance royale du 18 octobre de ladite année, qui leur imposaient l'obligation de racheter à leurs frais et de supprimer un certain nombre d'étaux et qu'ils se sont volontairement soumis à cette obligation ; que si, dans le cours de l'année 1829, l'ancien syndicat de la boucherie de Paris a racheté et supprimé cinq étaux, en exécution des dispositions de l'ordonnance précitée, il a effectué ce rachat et cette suppression à ses risques et périls en vue des avantages que les bouchers de Paris espéraient en retirer ; que, dans ces circonstances, les requérants ne sont pas fondés à prétendre que l'État est tenu de leur rembourser aujourd'hui le prix de ces cinq étaux, par le motif que notre décret du 24 février 1858 aurait décidé, dans l'intérêt de l'approvisionnement de Paris, que le nombre des bouchers cesserait, à l'avenir, d'être limité dans cette ville ;

Arrête :

» Art. 1er. La requête des bouchers de Paris susnommés est rejetée. »

(Du 30 juin 1859. Cons. d'État. — MM. Gaslonde, rapp.; de Lavenay, concl.; Dabeau, av.).

COMMENTAIRES

C'est en ce sens que la question a été envisagée par M. de Lavenay, commissaire du gouvernement : « Les dispositions réglementaires, a-t-il rappelé en substance, ne donnent jamais lieu à indemnité. Quand le gouvernement agit par voie de règlement, il agit en vertu d'un droit de souveraineté qui est inaliénable et iné-puisable; ainsi les particuliers qui ont à souffrir des changements des tarifs doua-niers, de l'établissement d'un nouvel impôt, ou de toute autre mesure semblable, ne peuvent intenter, à raison de ce préjudice, aucune action contre l'État. Il en est autrement lorsque le gouvernement agit par voie de concession, et qu'il reconnaît par contrat un droit en échange d'un avantage. Dans l'espèce, le gouver-nement n'a entendu, en 1829, que faire, en matière de réglementation du com-merce de la boucherie, une expérience analogue à celles tentée par les gouverne-ments précédents, sans entendre s'engager pour l'avenir, ni donner au système nouveau établi par lui un caractère de perpétuité qui eût été contraire à l'intérêt public. Les bouchers qui ont acheté des étaux sous l'empire de ce système n'ont donc pas pu se croire en possession d'un privilège définitif, et s'ils ont payé plus cher en raison d'une plus-value alors existante, ils ont dû tenir compte du carac-tère aléatoire attaché à cette plus-value, qui n'avait pour base, après tout, qu'un règlement de police toujours révocable. Le Conseil d'État a décidé de même, dans une espèce analogue où, par suite de l'interdiction de distiller des céréales, cer-taines distilleries se sont trouvées supprimées; il a rejeté, par des motifs sem-blables, la demande d'indemnité formée contre l'État par les propriétaires de ces distilleries (*Cons. d'État,* 26 *février* 1857, *D.* p. 157, 3-8). Mais cette jurisprudence, contraire à l'opinion de plusieurs auteurs, nous a paru également ne pouvoir être admise, surtout avec la portée beaucoup trop absolue que l'administration entend lui donner. — Voir nos observations en note de l'arrêt précité, et les renvois qui y sont indiqués.

Responsabilité des administrations publiques. État, communes, etc.

350. On peut citer encore les lois qui, dans un intérêt général, mais au préjudice d'intérêts particuliers, prohibent une industrie, établissent ou suppriment soit un monopole, soit des droits de douanes sur tels produits ou telles matières premières. Ceux qui en souffrent n'ont pas plus le droit de se faire indemniser par l'État que l'État n'a le droit de faire contribuer ceux qui en bénéficient.

C'est ainsi qu'il n'a pu être réclamé aucune indemnité par les fabricants de tabac factice, dont l'industrie s'est trouvée condam-née, par la loi du 12 février 1835, à disparaître, dans un intérêt fiscal, cette loi ayant gardé le silence sur la question d'indemnité (*Cons. d'Ét.* 11 *janvier* 1838, *affaire Duchatelier, rep. V. Impôts directs, n*o 607; 28 *mai* 1838, *affaire Mathon, rec. Cons. d'État, p.* 124); ni par les exploitants de lignes télégraphiques dont la loi des 2-6 mai 1837 a eu pour effet de supprimer l'industrie sans leur réser-ver d'indemnité (*Cons. d'Ét.* 6 *août* 1852, *affaire Ferrier, rep. V. Télégraphie n*o 73); ni par des négociants qu'un décret du 17 octobre 1857, rendu en exécution de l'article 5 de la loi du 5 juillet 1836 sur les douanes, empêchait de profiter des franchises établies par le décret du 17 octobre 1855 sur les fers destinés à la construction des navires, et cela encore bien que le second décret fut survenu avant les délais prévus par le premier (*Cons. d'Ét.* 29 *décembre* 1859, *affaire Rispal, rép. V. Trésor public, n*o 587).

353. De même, aucune indemnité n'a pu être obtenue : ni par les imprimeurs et libraires que le décret-loi du 10 septembre 1870 a dépossédés du monopole dont un brevet les avait précédemment investis, ce décret ayant réservé à l'autorité législative le soin de statuer ultérieurement sur la question d'indemnité (*Cons. d'Ét.* 4 *avril* 1879, *affaire Goupy, D. p.* 79, 3-49. *V. suprà* V° *Presse-outrage,* n° 72); ni par les bouchers de Paris, que le décret du 24 février 1858 avait dépossédés de leur ancien monopole, en abrogeant l'ordonnance royale du 18 octobre 1829 qui limitait leur nombre (*V. suprà, V. Boucher,* n°ˢ 48 *et suivants; Cons. d'Ét.* 30 *juin* 1859, *affaire Bouchers de Paris, D. p.* 60, 3-10 *et la note*).